NTÈN ÔSUA

Mission Protestante Française

CONGO FRANÇAIS

NTÈN FAÑ ÔSUA

PREMIER LIVRE DE LECTURE

EN FAÑ

2ᵉ Édition revue et corrigée

MISSION PROTESTANTE FRANÇAISE

DU

CONGO FRANÇAIS

1912

Alphabet.

TABLEAU 1

a A *a A*

a a a a a a a

i l *i I*

i i i i i i i

a i a i a i a i

u U *u U*

u u u u u u u

i u a u i u a

eE oO *E e O o*

e e e e e e e

o o o o o o o

e o e o e o e

o e o e o e o

a i e o u

i o u a e o e i u

a e i o u e a o u

e o u i a o i e u

TABLEAU 2

é É

é é é é é é é é é

è È

è è è è è è è è è
é è é è é è é è é

ü Ü

ü ü ü ü ü ü ü
é ü è ü é ü è
è ü é ü è ü é

ô Ô

ô ô ô ô ô ô ô ô
ü ô ü ô ü ô ü ô

é è ô ü

é è ô ü è ü ô
è ü é ô ü é è
i è a é u ô o ü
è é è a ü e ô a

TABLEAU 3

a e i o u ô ü é è

| **f** | f
fa | f
fo | f
fi | fe
fe | f
fè | fu
fu | _f_ |

| fa | fé | fè | fe | fu | fo | fi |
| fe | fi | fa | fi | fo | fè | fu |

| **m** | m
ma | m
mi | m
me | m
mo | m
mu | _m_ |

mo	mi	mu	mè	me	ma
me	ma	mé	mo	mu	mè
fa	mi	fo	mè	fu	mu

| **s** | s
si | s
sè | s
su | s
so | s
sa | _s_ |

sé	sè	si	sa	se	so	su	sè
su	sa	se	si	so	sé	sô	si
mi	sé	fa	fo	sa	mo	si
fi	mu	sè	so	mé	mè	fé
fo	ma	mè	sé	fe	sè	tu

F f   M m   S s

_F f   M m   S s_

TABLEAU 4

a e i o u ü ô é è
f m s

y	y yi	y yo	y yé	y yè	y ya	*y*
ya	ye	yô	yu	yè	yi	yé
sa	fi	ma	yè	su	yo	fè	si
yô	mo	sé	yé	fu	yi	sa	yu

b	b ba	b bè	b bi	b bu	b bo	*b*
bè	bo	bu	ba	be	bé	bè	bi
yè	be	ya	bi	se	bo	fi	ba
mi	yo	be	yô	sé	bè	ma	bu

v	v vi	v vo	v vu	v va	v vè	*v*
vi	vo	va	vé	vè	ve	vo	vu	vô
ba	yi	mè	va	si	vo	bi	vu
fa	vi	se	vo	bo	yè	vi	va
ma	se	yi	bo	vu	mè	fè
su	yô	bè	vi	fé	sè	bo

Y y *Y y*   **B b** *B b*

V v *V v*

TABLEAU 5

f m s
y b v

E - sa. A mi. É - fu. É - mu. Mi - e.
E fi - me. É - fa. E mo - me. E sè - me.
Ma sè - me. A su - ma. Mo. Fu. Ma sa - me
mo. Ma sa fi - fi.

Yo - ma. E yè - be. A yi. Me yé - a.
Ba bi bo. A - bo. Me - bo. Ô - ba - me.
Ô bè - ma. Me vè - ma. Me vi - a. Bi - e.
Ma bo a - bi. Bi bè - ma. Ma vè é - fu.
Ma bo bi - vi. É - bi. E yô. Ô - yo.
Ô yè - ba. Me yè - ba. Me su - a. Ma
so sé - ba. Ma bu - me si. A bu' ô - yo.
Ma yi. Bi - fu bi - bé. A fè me - sè.
A ya, ma ba sô. Me - bi. A mo - be vé.
Me - yè a fi - me. Sè - be a so bi - mo.
Ma vè - be. A - vo é su - a. Ô su - me
me é - bu - bu.

TABLEAU 6

a e é è i u ü o ô

f m s y b v

| **r** | r
ra | r
re | r
ri | r
re | r
ri | r
ra | *r* |

ra	ri	re	ra	re	ri	re	ri	ra
fa	mu	sé	yo	be	si	ra	ri
mu	fu	re	yè	ra	bi	ri	va

| **l** | l
la | l
le | l
lè | l
li | l
lo | l
lu | l
lé | *l* |

li	la	le	lé	lè	lo	lu	lô
le	fu	lé	bi	la	so	lo	bè
li	va	yé	lô	li	fè	ri	la	li

| **n** | n
né | n
na | n
no | n
ni | n
ne | *n* |

ni	ne	nè	nu	no	na	né
fa	né	mi	so	ni	ya	nu	bi
ne	sè	nè	ni	bu	na	va	ra

R r *R*   **L l** *L l*

N n *N n*

TABLEAU 7

r l n

f m s b v y

Fu - ra. É - fu - me - le. Bè - lè - me. Lè - re. Me - lè - na. Fa - la. E fo - la. Su - la. Lè - bi. Lu - ma. É - ya - le. Ma yè - le. É - li. Bi - li.

A bè - le bi - li. Me yè - ma. Me yè - na. Sa - la, é - sé é ma - na. Me su - a e vo - le mi - ne. É - fu é ne é - vi - ne. Ma vi - ne ma - me - bi. Me - yè a lè - a mi - na - le. Ma fi - me. Ma bo a - na. Me ma - na bo na - le. É - sa a lè - a me. Bi - vo - ra bi - na bi ne vé? Na - ne a su - a é - mu. Fô é ne é - li e yô. A ne va - le, ô yè - na? Ma yi su - me bi - li bi - bé. Me - sa a vu - le bo é - sé. É - sa a ma - na su - la é bo bi - a. Bi - a yi fo - le bi - fu - ra.

TABLEAU 8

f   m   s   y   b   v

r   l   n

d	d	d	d	d	d	*d*
	da	di	do	du	de	

di	de	dè	do	du	dô	da	di
fa	bi	mè	la	ri	nu	bu	va
yè	de	fu	ba	da	lé	mi	sé

w	w	w	w	w	w	*w*
	wi	wé	wè	wa	wu	

wa	wé	wi	wo	we	wè	wu
fi	do	lè	ma	wé	ri	wa
li	ba	yô	wo	dè	so	né

k	k	k	k	k	k	*k*
	ka	kè	ki	ko	ku	

ku	ki	ke	ka	kè	ko	ki
ba	ko	yé	fa	ku	ri	ba	ka
mi	la	ra	kè	ve	ko	fa	si

D d *D d* **W w** *W w*

K k *K k*

TABLEAU 9

a é è e i o ô u ü
r l m f n s b v y
d w k

Lè - lè - di. E da. A - da. Di - na. Di - le.
Be - do - le. É - do. A bè - le dè wo.
Wu - le. Wè - na. Ke wu - me bi -
yè - ma. Ma ya - ne we. E wa fi.
A - wè - la. A - wa - la. Wa sô mo ye
me - bo. Wa bu' ô - yo. Be - wo - le ba
wu - le. Yé - su a wu - ma.

Ka - la. A ku - me. Wa ko ko. Wa
ka - ne. Ô - ko. A ku - ra. Be - ka - ba.
Ku - mi. Ke ke va - le. Me ka. É - kü -
le. É - ku - re. Ma ku - le.

É - ku - ma a su - a. Ma ke né bi -
fu - ra é - vo - ra. Me ke we vè be - do -
le be - bé. A - lu da so. E do - me - le.
Ma lè di - a mi - na - le. Me - lè - na me ki -
ri. A kè - le - ba - na. Wa ke Mi - wu - e.

TABLEAU 10

r l m n f s b
v w y d k

t	t	t	t	t	t	t	_t_
	ta	ti	to	tè	tô		

te	té	ta	tu	to	tè	te	tô
ku	re	ta	mi	no	do	to
di	ba	tè	wi	yo	da	vi

g	g	g	g	g	g	_g_
	ga	ge	go	gé	gè	

gu	gé	gi	ga	gè	go	ge	gi
ra	ga	li	gu	tè	ne	fi	ko
si	bu	gé	bi	vè	ge	wa	di

z	z	z	z	z	z	_z_
	za	zo	zô	zu	zé	zi	

zi	zu	zô	yè	de	zi	ka	lu
za	té	zè	ya	re	lo	ma	zo
kè	tu	wa	gé	fè	so	ga	ti

T t _T t_ G g _G g_ Z z _Z z_

TABLEAU 11

É - to. É - tu. Ta - re. Me tè - le. Ma tè - be. Tu - lé. A ne tè mo - n'É - bi - to. A to na? Ta - be - ge é - to.

Ma wè - ga. E fa - le - ga. Di - ge - ge. Ku - re - ga va - le. Si - ge, ke bè - le. Ta - be - ge si. Ya - né - ge me, me vi - a so.

Zi - re. Zi - le. Me zé - a. A - zu. Me - zu. A - zo. Za - mé. Wa si - le me zè? Wa yi yè zè? É - li ma zu é - zo zi - le.

É - wu - re a ma - na zi - me - le be - do - le be - né. Ma tè a - zu mu - ne - ga. Ô ta bi - tu bi kè - le é - li zi. Bu - ne - ga be su - a ye bi - zi. Vo - le - ge me e né bi - ki, bi - sé bi ma - na. Ke bo me na - le, ku - re - ge. Me - ka - me - ne a ke we vè bi - zi. Bi - bu - bu - la bi ne é - vo - ra é - ti. A - zu to é - ma - na.

TABLEAU 12

| **gh** | gh
gha | gh
ghi | gh
ghé | gh
ghe | gh
gho | *gh* |

Ma ba - ghe bi - li. Ô ta - gha ko - ḅe na - le. Ko - be - ge fo - gho fo - gho. Ma fu - ghe wo. Bi - zi bi ku - gha. Bi - tu ke ku - ghe. Bi - lo - gho. Ma yè - ghe - le. A - yè - ghe - la.

| **ñ̀** | ñ
ña | ñ
ñe | *ñ̃* |

Bo - ñe ba ta - ñe - da. Mu - ne - ga a la - ña - na. Ma ña zi a - mo - ña. Bo - ñe bi - sé, fa - ña bo na ô vo - ra. Ze - ñe ka - be - ga. Lu - ñe. Ta - ñe me ma - ña.

Me ka - gha we za - ghe ko, y'ô ke me vè ? Ma ke La - gha. Me lu - ra ma - gha. Di - ge - ge bi - la - ñe - la. Li - ge a - ko - gha. Su - ghe a su - a. Va - gha be - so - gho bi - a e va - le. Me ke ta - be né fo - gho a - wu.

TABLEAU 13

Ô ta - gha bo é - bi - ra. Bi - zi bi ku - gha. Di - ge - ga bi - tu bi - na. Ô bè - le bi - fu - ra bi - né ye be - do - le be - bé; ò ke fo - la zè? Ma yi su - ma mo - ne ka - be - ga. Be - do - le be - bé ke ku - ghe. É - do me ke si - le ta - gha. Ta - re ye na - ne be ma - na ke é - mu, ba ke A - ba - ña e zi ko. Ma yi yè - ghe - le. A - bu - e a ba - ghe - le me, a vè me bi - zi. Me ka - gha so ye bi - ba - gha, me ke we vè. Bo - ñe be - se - ghe - se be ma - na su - la. Me da - ña mi - ne fo - gho ye ki. Be - ka - ba be ma - na zi a - kè bi - li y' a - ko - gha. Ma bu - ne wè - ga, me vo - ra. — Nale, ke - ñc ta - be si. Ô ta, mé vò - ghe - di - a ke ô - yo, to - gho na me zu - gha a - bo. Me yè - na fi a - ko - gha, é ma - na bè - re é - li. Ke bo a - bè - ghe - li. Su - ge me wo, A - bu - ghe, ma yi ke.

TABLEAU 14

ba	bo	mu	za	ta
ba. m	bo. n	mu. r	za. l	ta. ñ
bam	bon	mur	zal	tañ

kè	fe	vi	kè
kè. s	fe. b	vi. m	kè. y
kès	feb	vim	kèy

Bam. Nam. Num. Bum. É - tam. Tèm. Dam. Fam. Kam. Kum. Lam. Sam. Sim. Sum. Sèm. Wam. É - tom. Zèm.

Bon. Tan. É - kon. A - fan. Ô - kon. Yèn. Ô - zan. Ô - non. Ô - vun. Bi - vin. Min.

Mur. Bur. Bèr. Bar. A - sèr. A - zir. Bor. E - sèr. Lar. Yir. Mir. Kar. Lur. Sur.

Zal. Mal. Kal. É - fèl. Lal. A - kal. É - sil. Ô - nol. Kol. Me - bal. Mèl. É - vu - vul.

Neñ. Yeñ. Soñ. Noñ. Tañ. Lañ. A - mañ. A - buñ. Woñ. Luñ. Ziñ. A - boñ. Kiñ.

Kès. Mis. Kos. Vès. É - fus. Feb. Bi - kèy. Nèy.

TABLEAU 15

A - vul. Zum. A - vin. Zar. Ful. Zam.
Yom. É - lèn. Ô - kur. Vèl. Fañ. É - fus.
Yam. A - tom. Mir. A - bañ. Vèm. Min.
Lur. Me - veñ. É - si - sis. Vum. É - fi - fin.
Zir. Me - luñ. Yèm. Vor. Mèl. Wam.
War. Feñ. Bum.

É zal dam É - bi - man. A bo mam me -
nèn. Bi - a luñ é zal da. É - nam a noñ
bi - sun a - wum. Ba luñ é - fi - fin ye bi -
vin. Mur a dañ di - a me. Be - fam ba ke
a - bal. A - yoñ é - li di é ne a - lèr a - bi.
Bur ba zeñ a - sum é - lèn. Ye wa yom me
zum? Be - yeñ be va - gha so a - fan. Ô -
kon ô ma - na ler. Zir é ma - na me vur.
Ô - vun wa dañ nèn. A - non da yèl e yô.
Ma lañ be - ka - ba, be - yum ye be - yal
ye bon be - se. Kal zam a bè - le mon a
fam. Y'ô ma - na tañ ô - zar? A tar, ke -
ghe me ô - keñ.

TABLEAU 16

P p *Pp*

p	no	la	ko	si	fè
	no. p	la. p	ko. p	si. p	fè. p
	nop	lap	kop	sip	fèp

A - fip. A - kap. É - sèp. Fèp. Ma sip we a - bè a - mañ. A - lap. Mi - yop. É - sa - me - kep. Sap.

kh *kh*

ko	va	be	zi	lu
ko. kh	va. kh	be. kh	zi. kh	lu. kh
kokh	vakh	bekh	zikh	lukh

A - mokh. É - dokh. A - bakh. É - lokh. A - kokh. É - bi - tokh. A - kikh. Ô - bukh. A - fokh. É - sokh.

Wa sokh me - yokh. Mi - yop mi - bé ke kukh, ô ke me ku - ghe - la mi - vokh. Ye wa yèm zokh? — Ma zokh a - ne a - kokh. Ba ke mi - tokh A - ba - ña. Zakh a - bokh a - tokh. Ku - re - ge é - nakh.

TABLEAU 17

da	tu	so	za	lo	du
n. da	n. tu	n. so	n. za	n. lo	n. du
nda	ntu	nso	nza	nlo	ndu
ba	fè	vi	bo	fa	vu
m. ba	m. fè	m. vi	m. bo	m. fa	m. vu
mba	mfè	mvi	mbo	mfa	mvu
go	ki	ga	ku	gi	ka
ñ. go	ñ. ki	ñ. ga	ñ. ku	ñ. gi	ñ. ka
ngo	nki	nga	nku	ngi	nka

Nsa - ma. Mvè. É - nda - me - ne.
Mvu - mvu - e. Ndu - a. Nko - kon. Be -
nsa. Tsi. Ntè - tè - le. A - mvi. Me - mvu -
ma. Mi - nzi. Ngo - ma. Mba - ghe - le
mi - nku - ma. Nzo - gho a ne nko - kon
mbè - mbè. É nda zam é ne mvè. Ma
kú - me zi mfè - ma. Ntu - ma a ma - na
zi mbu - e. Bó - ñe be nga tsa - ma mi -
mbi - la ye ma - re nta - ña. Ntè - gha
ô ne nzé - a ye nsè - gha. Ma wukh mfu -
ña mvè. Nto mi - nso. Nti ma ya - né
Nze. A ya, ngo - gho mé - né.

TABLEAU 18

fu	vu	vu	fu	vu
k. fu	b. vu	d. vu	t. fu	g. vu
kfu	bvu	dvu	tfu	gvu

Be - kfu. Ma bvu me - fekh. Bu - ne - ga ba dvu mbu - e. É - ye - fal ba zeñ mu - ne - ga a va - gha tfu mbi - la a - fan é - ti. Kfu - le - ge bo a - tan. Kfu - ma é ndu - ghe so mi - mbô. Ba ka - be di - a ndu - a ke bo y' ô - tfu - ra. Fañ be ne me - yoñ a - bi, bi - tfu - ña ki a - bi. Mɔ - ñe a va - gha tfu me - veñ é - tu zi - a y' ô - keñ. Mbi ô dvu - e, kfu - le - ge wo. Ba lè me na Dvu - lé - dvu - lé, to - gho na ma ke dvu - le me - lu me - se. Bvu - né - ge Nza - me, ke bvu - né mañ me Fañ. É - dvu é - nèn za bvu - ghe me - kokh. Ka - ñe - de - ghe me nka - na mur a nga bi fès. Nza zum ô vagha bo ke wukh nlé - a wam ? A bè - le ô - lum mbo - re ye bi - fèl a - wum.

TABLEAU 19

Ma kam ye bon. A - mva - ne a ke mfi - ni. Nam ô ma - na bi. Me - mvu - la a kon mbè - mbè. Bur be - tan ba kal é - tom, bur be - vokh be ke tañ. Ma noñ ngo y'ô - li - ña. Ma bor a - fakh. Ñsu - a ô ne ye me - nza - li ma - ña - vé? Be - fam be - sam ba ba - ghe bi - li a - fan. Mu mfè a ke tsi - ñe - de me - nga - ra. Be - kfu - ma mi - nta - ña be nga so a - fan do e nki. Bo - ñe be ma - na la - ña ye mal me - lal. Mba - ghe - le mi - nku - ma a nga tu - ghe - ba. Bvu - le - ga, ke - ña bvu é - sokh. Nza - me Me - be - ghe a nga bo yô ye si. Fam za lukh mu - ne - ga. Bo - re - ge mfi - fi ô - tfu - ma ô va - gha su - me Nzô - lé a - ke - ri. Ma su - me bi - zur, y'ô - zar, ye me - lar. Mi - nta - ña mi - a wu - le nsè - ne - ge. Nza a bè - le nso wam? Be - kfu ba war ye me - bo mo, ba zeñ bi - zi me - tekh.

TABLEAU 20

wa	wi	wé	wé	wé	wo
k. wa	g. wi	b. wé	f. wé	v. wé	ñ. wo
kwa	gwi	bwé	fwé	vwé	ñwo

Ma yèn a-vwé. A-to-ra di é ma-na bwé. Wa kwè-ghe-le me, fo-gho. Ma kwa na me ke zi a-kwa-me ngu-gha-se. É-si-vwé be ma-na tokh. Me-kwé me mbu-e me mbè me-nèn. A-kwa, ke-ghe me é-vwé. Me nga kwé bo, be ngè zakh. Bo-ñe be va-gha zi ô-bwé. Me ti-a we ñwo-ghi. A-ku-kwé é ma-na ma-re. É-si-twa be to A-ba-ña. Di-ge-ge, be-kwi be ne é-li zi. Mi ta-gha kwa na mi ke me kwé nda. Ma nzu ye fwé mvè. Su-me-ge me be-kwa be-lal ba. Me-zim me ma-na vwé-ba. Ô ne mon nz'a-yoñ? — Me ne mon É-si-vwé. É-ku-kwé wa-gha é kè-le kwè-ye wam é-ti.

TABLEAU 21

yè	yi	ye	yo	ya	yé
b. yè	n. yi	k. ye	v. yo	f. ya	ñ. yé
byè	nyi	kye	vyo	fya	ñyé

Ô - fya. Bya - ne. Bya bi Fañ. Nyo nyi. Ke - ghe me mya - ña a - wum. Neñ a nga ko - be, nye na : Nza a bè - le kfu nyi - na? Ma nyè - ghe mi - ne be - se. Myé zal a nyu ta - gha e ndo zi - a. Nke - ñe - li mon wa nya - me - de nya. Ñyè - ghe - le a ne ye be - yé - ghe me - wum me - bé ye be - tan. Ke nyè - ghe - de me na - le. A - kye a va - gha yèn nyo a - ko - gha é - ti. É mu nyi a ne nya - mu - mvè. Bi - a zi é - nyu - ghe. Nyi - ñe - le nyu mon e ndo. Ô - yun ò ne ke vyè a - bi. A - ko - gha a vyè - le, ye sam za kfu e si. Mi - nki a si - le me nto é - fi - ra, me ke wo kwé vé? Be - mvi ba ta - be ndo é - ti, ba ma - re vyè, é mir mo ke yè - ne.

TABLEAU 22

ü	ü	ü	ü	*ü*
	üi	üé	üa	

üi	üi	üé	üa	üé	üi
z. üi	k. üi	t. üé	y. üa	y. üé	w. üi
züi	küi	tüé	yüa	yüé	wüi

Me nga ke ô - süi a - küi. Ma bor é - tu, ma nyè - ghe di - a ta - be süi - süi - e. Nza - m'a nga tüé e bur ô - su - a é - fakh É - dèn.

Ô - ba - m'a nda wukh é - süi. Nya a be - ghe mon e düi. Bi nga yèn yüa be - wo - le ba ke ô - küi. É - tfu - ghe a vi - a yüé nza - li. Y'ô ne a - süi ye me ? - Ko - ko, ma zeñ di - a bur. Fañ be nga yüi bur a - bi. A É - nde - ñe ; yüi - ge me nso. Wa ko - be mbè - mbè me - zu me - lüé. Ma nzu we süé é zal di - a. E - tom é va - gha süi. Me - ki Yé - su me nga süi a - kal da. Ndè - ma a ma - na bè - re ô - süi.

TABLEAU 23

mba	nku	nsi	mbe	nga
mba. m	nku. l	nsi. r	mbe. kh	nga. r
mbam	nkul	nsir	mbekh	ngar

nzè	nla	nge	nta	nso
nzè. l	nla. ñ	nge. ñ	nta. ñ	nso. ñ
nzèl	nlañ	ngeñ	ntañ	nsoñ

bya	nyi	byu	kya	yéñ
bya. l	nyi. ñ	byu. m	kya. p	yéñ. y
byal	nyiñ	byum	kyap	yéñy

Mfakh. Nkokh. Ngañ. É - nyum. A - kfur. Nzikh. Nkur. É - bi - byekh. É - bi - vèñy. Nkekh. Be - ndañ. Mur e nziñ. A - tsiñ a - su. Ma kfu mbekh. Nyar é kwé - a nlakh. Ma tsakh ndokh. Nzokh é nga wu ye kyekh. Tsir é ma - na tsi - be tsin é - li. A - bèñy é ma - na wu. Ma ke mvukh. Nzakh ye byar bi - bé. Bo - ñe we - myèn. Nduñ a yè - na nzukh, a ne mvukh. Ke vi - a nyukh. Bur ô - ñwam be ne a - bèñy. Ma tfum ngo y' ô - ngèy.

TABLEAU 24

süi	züi	güi	yüi	tsi
t. süi	n. züi	ñ. güi	ñ. yüi	n. tsi
tsüi	nzüi	ngüi	ñyüi	ntsi

gwa	kwi	kye	bya	kya
ñ. gwa	ñ. kwi	ñ. kye	m. bya	ñ. kya
ngwa	nkwi	nkye	mbya	nkya

kfu	bvu	dvu	tfu	gvu
ñ. kfu	m. bvu	n. dvu	n. tfu	ñ. gvu
nkfu	mbvu	ndvu	ntfu	ngvu

Nza - li zam é ne ñyüé - ya. Ngye a do - me - le mi - ntso - me - le. Vakh m'é byum byam. Ma ke tso nza - gha; ma li a - ko - gha ye nkwa - ra. Mur é - to a ne nkwè - l'a - su, ye ngus a - kfu - le wo. Mbi ô ne ndvu - a. Mbvu a - yar, mi - nkfu mi nga man. Me ne ntsi - le mi - ntèn. É - sé - sañ ć ne ntsa - ma. Ngwa a ne a - nzüé, a nga - gha nkwi. Mi ke wa mbya ô - süi. Nyu nkya a zi è - nam ngüi.

TABLEAU 25

nkwe	nkyè	mvya	ngwa
nkwè. l	nkyè. l	mvya. ñ	ngwa. kh
nkwèl	nkyèl	mvyañ	ngwakh

ntfu	ntsa	ngvu	mbya
ntfu. kh	ntsa. ñ	ngvu. ñ	mbya. r
ntfukh	ntsañ	ngvuñ	mbyar

Me ke zi ntsakh mbu - e. Tar a ne ye mi - ntsañ. Ke byèñy me nyul. Bè - re - ge ntseñ e ndekh. É - bi - mvyañ ba ta - b'a - fan é - ti. Bur be nkyèl be nga so e Bè - tè - lèm. Ma fakh byal ye ngwakh. Bu - ne - ga nza - ngwal ba tè a - ngwañ. Ke bè - le fu - e ngyèm. Mi - mbyèkh mi züi. Ki - ghe mbyam a - yar. É bo - ñe ba be ne mi - mbyar. A nga kfu byum mbyer. Fam nyi - na é ne ngyer a - bi. Ô zu - gha mbyèn. A ma - na bè - r'é - li ye mbyañ. Be - ngañ ba sañ ngwèl. Ma bo é - ki - ni - ge ye nzüeñ. A - ngvun dam é zé - a ne lur.

TABLEAU 26

a e i o ŏ ü u é è

b d f g k l m n ñ

p r s t v w y z kh

ba. di. fo. gu. ke. le. mi.

na. yu. re. sa. to. vo. wé.

ye. za. mi. bé. zŏ. ko. li.

A. B. D. E. F. G. I.

K. L. M. N. O. P. R.

S. T. U. V. W. Y. Z.

Ma zu na. _ Ma wu-ghe nzè.
Wa luñ ndo. _ Di-ge-ge byal wa
lur ŏ-süi. _ Ma ke lo me-zim. Bi
ke wa-bandu-a. Ta-be-ge mvo-ghe.

TABLEAU 27

Wa ke ve? Mon a bu'ŏ yo. O ne
zŭi na nža? — Me ne Ŏ-ba-me O-
ba-me nža? — O-ba-m' O-le-le — O-le-le
nža? — O-le-le Ngwa. Ma ke me-yeñ
E mo wam, ma nyé-ghe we. Be nga
we-ga me-lu me-bé. Ka-be-ga é ne
mve'e zi zo. A-non da yel eyŏ. Ta-re
a ke dvu-le nki. — A ke di-a ŏ-kŭi?
Ko-ko. Mbu-ne-ga a tsakh mbu-e.
Na-ne a yam bi-kon ye bi-mvi.
Me-ndu-me a ne a-ngom dam. Bekfu ba byé me-ki. Bi-ke y a yi yé-ghe
mi-nten, nya wŭi-a a yé-ba. Ma nyé-
ghe bor ŏ-li-ña. Me ndu-ghe so mi-
loñ ŏ-kŭi, me nga yen we mi-nkokh
mi-bé mi-a ma-re mi-mbi-la. Be-fam
ba ba-ghe a-ngvu-ma Mi-wu-e a-yar.

TABLEAU 28

A-fan é-ti é ne ye be-tsir a-bi,
fa-gha ye nzokh, e ba-ra ye nze, ye wa-
gha, ye ngi, ye mvul, ye nzip, ye nkokh,
ye su, y'ŏ-kwan, y'a-vé-ma, ye mvin,
ye mvé, ye fŏ. Be-ngvu-bi be ne be-tsir
be-nèn ba ta-b'ŏ-süi é-ti. Fan ba zu
na: O-non fa-na yèl ke ku-a y'é-vu-
vul. Mon a mur fa-na bo kfu-ma,
k'abm é-sa. Ngi Yé-su a zu na: Ta-be-
ga mvé a ne E-sa wüi-na a ne yŏ a ne
mvé. Fan ba wa mi-nka-na ngen é-se,
e nzi-a ba tè me-zu. Ba zu ki na:
O-nyu ŏ ka-ghé mi-tokh, é-kfur wo é
fa-ghé son. Na-le ki Yé-su a zu bi-e
na: Mo-me-ga, to-gho na mi-a yèm
di-a a-wé-la Mo-ne Mur a ke so.
A-yé-ghe-le Yé-su da dan nkyèl
ŏ-se y'é si nyi.

DEUXIÈME PARTIE

—————

Lectures courantes.

————⋈————

Nya Milañ.

---

1. Nda.

Bur ba luñ me-nda e ta-b'é-ti. Nda é ne y'a-
ndvu ye bi-fi-fin. Ba luñ a-ndvu y'a-bi ye mi-ntfu-
gha. Ba luñ é-fi-fin ye bi-vin ye bi-ba-gha. Nda é
ne ye bi-noñ, ye zi, ye me-ngvun me kè-le, ye
lüi, ye be-kwa, ye bi-tañ, ye mam me-vokh a-bi.
Bur ba bu-me nd'é-ti a-lu-se. Mveñ é ka-gha
noñ, wè-na a-ndvu da ba-ghe-le bur mi-nkur.
Nd'é-ti é n'a-yuñ, to-gho na bi-fi-fin bi-a kam
ye mfu-ña. E nda Nza-m'e yò za dañ mvè ye dañ
me-nda me-se mc n'e si e ne. Bi ka-gha bvu-ne
Yé-su Krist ye ba-ghe-le me-zu mi-a, wè-na bi
ke ta-b'e nda Nza-me me-lu ò-su.

2. A - bèñy.

Bur ba luñ a - bèñy é - nze - nzañ nseñ. E va - le be - fam ba zi ye wè - ga, ye lè mi - lañ, ye wukh mi - lañ, ye tè mi - ntè. Bu - ne - ga ba zi di - a a - bèñy. Ba zi me - nda é - ti. A - fan mi - nta - ña, be - fam ye bu - ne - ga ba zi vum mbo - re. Bur be ka - gha tè a - zu, wè - na ba su - la a - bèñy ye me - nza - li. Bur be - se - ghe - se ba ko - be me - zu ba yi ko - be, wè - na ntul wa kikh nsañ. Me - lu ô - su, Nza - m'a ke tè ye bur e zam mam me - se - ghe - se ba bo é - nyiñ zi. E bur ba bi mam me - bi me - lu ma, be ke kfu si ngeñ é - to. E bur ba bvu - ne Yé - su me - lu ma, be ke kè - be ngeñ é - to.

3. Nseñ.

Nseñ ô ne é - nze - nzañ me - nda. Bur ba wu - l'é - ti. Ba li ô - bvur ô - se - se, to - gho na ba zu na ô - bvur ô si - ra mvè nseñ. Me - tekh me nseñ me n'a - lèr, to - gho na bur ba tsi - be mo me - lu me - se. Ngeñ e nziñ bo - ñe ba bo bi - vi e nseñ. Mi - ntu - ma, ye be - ka - ba, ye be - mvu, ye be - kfu, bo ki ba wu - l'e nseñ.

4. Yô.

Yô é n'a - nèn ye mbeñ. Nza - m'é - nye a nga bo do. Bi ka - gha di - g'é yô, bi yè - me - ge na Nza - m'a ne nèn, ye ki, ye nkyèl, yc mvè. Ngeñ e nziñ bi - a yèn bi - kañ bi zô. Bi - a bè - ra yèn nlu zô wa wu - l'e yô me - lu me - se. Nlu zô wa vè bi - e é - nde - ndañ, y'a - yuñ. Ô ka - gha fè é - nde - ndañ, wè - na bi - a yèn mam me - se - se. Nlu zô ô ka - gha zi - mé, wè - na zi - be è su - a. Ngi ngon y'a - ti - ti ba küi, wè - na myèl ô su - a. Ngon é si - ra nson mbo - re mbè - mbè. Ngeñ e nziñ é to é - far, ngeñ e nziñ é to ndvu - gé. Nza - m'a ne mvè ndèn e vè bi - e nlu zô, ye ngon, y'a - ti - ti, ye vè bi - e é - nde - ndañ. Ntèn Nza - me wa zu na : Nza - m'é - myèn a ne é - nde - ndañ, zi - be é si - ra e - be nye.

5. Mveñ.

A - boñ e nziñ mveñ za noñ. Mveñ é - zo za fa bi - lokh, ye bi - li, y'ô - bvur. Ve bo na, mveñ ke noñ, ve bi - zi bi wu bi me - beñ bi - a fa di - a, wè - na bi - a wu ye nzè. Nza - m'a nga lum bi - e mveñ na bi ta - be - ge ye bi - zi, ve nyiñ ye byo. É - do a ne mvè na bi vakh Nza - m'a - bo - ra a - kal mveñ. Ngi su - ghe

a so, wè-na mveñ za noñ a-bi. Wè-na ndè-me a
bè-re. Fañ ba dvu me-ya. E ngeñ ô-yun wa so,
wè-na mveñ za noñ di-a. Me-nzèn me ne me-fan
é-ti ma ta-be mi-nkur. Wè-na e Fañ ba nyè-ghe
ke ô küi, ye ke yeñ mi-lam mi-vokh, ve su-m'ô-
ki-ra, ba ke. Ngi tsi é to nkur, wè-na ba zi-ghe
zo. Ngi su-ghe a so, wè-na mfu-ña nèn wa vu-ñe-
le, Fañ ba lè wo na ô-kur. Ô-kur wa fu-me bi-
kon, ye bi-li, ye me-nda. Ngeñ e nziñ nza-lañ za vès
ye la-ra. Bi ka-gha yèn mam me-le me-se, a ne
mvè na bi yè-mè-ge na Nza-m'a ne ye ki. Mveñ,
ye su-ghe, y'ò-yun, y'é-sep, ye mfu-ña, y'ô-kur,
ye nza-lañ, Nza-m'a nga bo mo me-se-se.

6. Ô-süi.

Ô-süi ô ne ye me-zim a-bi. Nza-m'é-nye a nga
bo wo. Nza-me fè é-nye a nga bo ko é n'é-ti. Bi-
lèn ye mal ma wu'l'ô-süi. Bur ba dvukh ye me-
kap. A-boñ e nziñ bo-ñe ye be-nya-bur ba zokh
ô-süi. A-boñ e nziñ bur ba nyañ ô-süi é-ti. Bur ba
yüi ko ye mi-yop, ye me-kañ, ye me-vor. Bur ba
nyè-ghe luñ mal nsakh ô-süi. Ba nyè-ghè luñ
é-ti, ye nyu me-zim, ye wa-ba, ye wu-le mal é-ti,

ye ke su - m'ò - ki - ra. Bi ka - gha yèn ô süi, bi yè - me - ge na Nza - m'é-nye a nga bo wo.

7. Bili.

Nzam'a nga bo bili abi é si nyi. Éli é ne ye minzi ye nkfukh, ye metèm, ye bilokh. Meyoñ bili me n'abi. Bili bi nziñ bi ne binèn, bivokh ki bitokh. Bili bi nziñ bia wum bibuma, bivokh ke wum bibuma. Bibuma bi nziñ bi ne mvè, bivokh ke mvè. Bili bivokh bi n'alèr, édo bi ne mvè e luñ ye byo menda ye mebèñy, togho na bi ke bèm. Bili bivokh bi ne bitetekh, édo bi si mvè e luñ ye byo. Ngi vyè wa fè, éli e si é ne évuvwé. Ngi bia yèn bili, bi yèmege na Nzam'énye a nga bo byo.

8. Anon ye bekfu.

Nzam'a nga bo anon na é yèlege vum ase, édo a nga vè do mefap. Anon da luñ muma metèm bili. Da byè meki e muma, wèna da bughebe meki e yò ve yañele. Wèna biyèl bia byale. Biyèl bi kagha mane byale, wèna bia yèm dia yèl ; ésa ye nya ba vè byo bizi menyu mo e dvuma éti. Ngi éyèl é to énèn, wèna mefap ma fa, zo ve tare yèl vum ase ye ke zeñ bizi ébyèn étam. Ngi anon é mana nèn, wèna da yèl e yô éti.

Bekfu ba tab'e zal; ba luñ dia muma. Bur ba kum bo mekfua nd'éti. Bekfu ba war e si ye zeñ bizi. Num kfu a nyèghe bèr'e yô ye loñ kogheleko. Num kfu a ne y'ésokol nlu, à ne fè ye mesè nzin ba lè na mikorege me ne mimbeñ. Bur ba zi bekfu. Bekfu be ne mba mb'azi.

9. Bekaba ye mintuma.

Fañ be ne ye bekaba ye mintuma abi. Be kaba ye mintuma ba kana, togho na bekaba be ne ye milakh, mintuma mi sira ye myo. Bekaba ba yinebe ye milakh myo; mintuma mi ne na lona. Bekaba ye mintuma ba bum' e zal aluse; ébena ba bume misiñela si, bevokh ba bume minseñ e nzañ. E nzia kiri za lène, wéna ba kure bi ye zal, e ke zeñ bizi. Ba zi bilokh y' akè. E nzia vyè wa fè, wèna ba bvul' e zal e tab' évuvwé e si. Aboñ e nziñ bur ba yi zi tsir, wèna ba yüi kaba ngi ntuma. Nzam' énye a nga ke bie mintuma ye bekaba e zi bo.

10. Mvu.

Mvu za tab' e zal ; za tabe dia afan éti. Fañ be bèle bèmvu e zeñ betsir afan éti. E nzia mur a ke afan éti, a tsiñede mvu angvuñ e kiñ ; wèna mvu za tsira ye tsir. Ngi mur a wukh édvuñ angvuñ, wèna a bi mvu. E ngeñ bur be mana kua bi ye tsir, wèna ba yarebe nsama, ve yüi tsir ye menzali. Aboñ e nziñ mvu za nzu bizi bi ya zal ; wèna ba ya ye zo. Mvu za yèm zokh òsüi. Za nzu dia bito bisé, ngi mbaghele a lè zo.

---

11. Ésa ye nya.

Moñe a ne y' ésa ye nya. Nzam' a nga nye vè ésa e baghele nye ; togho na nkeñeli mon ô sira ye ki e baghele nyul zia. Moñ' a kagha wughc nzè, wèna ésa ye nya ba vè nye bizi. Nzam' a zu na moñ' a wugheg' ésa ba nya. Be kagha nye zu azu, a tagha byane do. Ngi moñ' a boa abi, ésa ve bo nye, moñ' a tagha ya, togho na Nzam' a nga kum nale, e yèghele nye e zam é ne mvè, y' édi é n' abi. Ésa ye nya ba nyègh' é mo wo ; moñe ki a nyègheg' ésa ye nya. Bie bese bi ne y' Ésa mbor' e yò, ény' a ne Nzame. A baghele bie bese. A vè bie byum bise bi ne ye byo asüi. Bia yi nyèghe nye ye dañ byum bise ye bur bevokh bese Togho na a nga nyèghe bie, ve vè é mo wüia e nyié bie

12. Bobenyañ.

Nzam' a nga vè bie bobenyañ e tabe ye bie. A zu na bi nyèghege bo ane menyul ma. A sira mvè na bi bogha ye bo; bi tagha ta bo meta; a sira mvè na bi dvughe bo. Bi lèrege bo mvè melu mesè. Ngi boñe ba bò bivi, be vige byo mvè, ke boane, ke tane, ke zamezam. Yésu a zu na : ngi monenyuñ a bo we zam é n' abi, ò tagha ya ye nye, nzuñebeghc ye nye. Bvuleghe mvè ebe abi, wèna Nzam' a ke we sume.

13. Bizi.

Ngi mur a wugbe nzè, wèn' a zi. Mur a kagha tab' ébèm ke zie, wèna nyul zia za kur. Nale Nzam' a vè bie bizi na menyul ma me boñe ki. Fañ ba zi betsir, ye ko, y' anon, ye mbue, ye bikon, ye mesul, ye memoña, ye bimvi, ye mezagha, ye ngon. y' ôkam, ye nkfu, ye bizi bivokh. Ngi mur a zi, a simedagha na Nzam' énye a vè nye bizi bito, édo a vakh Nzam' abora. Nzam' a nyèghe dia na bi vigha e mam me mvè a lère bie melu mese. A nyèghe na bi simedagha nye; ve nye bvul' abora. Nzam' ény' a nga tüé betsir afan, ko ôsüi, anon e yô. Enye fè a yi na bizi bi fagha bifakh.

E ngeñ bia zi bizi bya, bi tagha bèra yagheba ébya bizi. E nzia bia zi ngi bia yèn mu mfè ye nzè, bi vakh nye. Nzam' a nga zu na bi yéñyege ve yue bizi; bi tagha bo ônder. Nzam' a nga bèra zu na : ngi mur a ne ye ki ve bo ônder, nye ke bo ésé, wèna a yia dia ye zi. Bi tagha simeda na mur a ke tab' ényiñ ye bizi étam; Yésu a nga zu na : mur é nyiñe dia ye bizi étam, ngi a ke nyiñ fè ye mezu ma küi anyu Nzame.

14. Mebeñ.

Fañ ba bo mebeñ ye yi zi bizi bia fa éti. Befam ba noñ minkwara ve li tsi. Wèna ba noñ avun ye baghe bili. Tsi é kagha bo nkur, wèna ba zighe zo. Wèna bunega ba bi bokon, ye mbue, ye memvoñ mevokh abi, bese ve bvule zal. Wèna Nzam' a lum mveñ ye vyè e yi na bizi bi fagha. Aboñ e nziñ bunega ba ke yüi bilokh bi wu fa bizi éti. Bizi bi kagha mane tulebe, wèna bunega ba ke byo noñ, ve so ye byo e zal. Be kagha mar' abal, wèna befam ba ke bo lère ye menzali, e baghele bo mvoghe. Nzam' a nyèghe na boñe be volege bésa bo ye benya bo bisé ba bo mebeñ. Mur a kagha bo abeñ, wèna a silege Nzam' éngongol, e yi na bizi bi tfugha fa éti. Mur a kagha noñ bizi abeñ dia, a bvulege Nzam' abora.

15. Ôkira.

Fañ ba nyèghe bo ôkira melu mese, e yi noñ byum bia so ebe mintaña. Mintaña mi nga so ayoñ do e nzu bo ôkira, togho na bevokh be nga lum bo e ne, e noñ ndame, ye benzokh, y' émvila, ye mbon, ye byum bivokh. Edo be nga so ye bitu, ye bifira, ye menzali, ye binyiñ, ye bisugha, ye byum bivokh abi. Mintaña mi nga bo byum bito ye bisé binèn. Nzam' a ke dia mintaña byum k' ésé.

Mone Fañ e nziñ a yi sume ndame, a noñ byum, ve ke byo e Fañ bevokh be ne ôküi, ve sume ndame. A kagha mane sume, wèn' a bvul' e zal di' émyèn, ve ke suma ndam' ebe mintaña ngi Beyukh.

Nzam' énye a nga vè Fañ ndame, ye nzokh, y' émvila, ye mbon.

16 Meyokh.

E zum mintaña mi nga nda so ye zo abi, ézo é ne meyokh. Nzam' a vine meyokh, togho na ngi mur a nyua mo, a sokh mo, ke fè nyèghe bur. Mintaña mi wu suma meyokh, ye Fañ mia bo abi anèn. Nzam'a ke boghele bo alu sugha akal éto; ye ki Fañ ba sume meyokh ba bo abi, togho na ba sum' é zum za yüi bur. Pur ba zu na ba nyèghe meyokh, togho na ngi be nyua mo, wèna ba yèn mvè. Ngi ba simeda dia na ba zimele menyul mo bebyèn. Togho na, be faña yèn mvè, mvè to é ne mon ébem, k' énèn. Nyul za sughela tekh ve bo ôkon. Ngi mur a nyua meyokh, a bo dia fè zame mvè, a sira fè ye ki e tabe nyul zia susue, a kfu e si. Nzam' a nyèghe dia na bi boñe abi ve bira menyul ma y' akal meyokh.

Ke zu na: ma nyu tsaghatsakh; ngi mur a nyua tsaghatsakh, a béra kume nyu abi. Wèna a veñeda nsagha meyokh ke fè mo bèra vine, wèn' a ke wu ye mo. Mintaña abi mia bo nale. Edo mivokh, mia ko Nzame woñ mia zu na: bia nyu dia, ngaghane tsaghatsakh, bi yagha mo nyèghe, ve wu ye mo.

Nzam" énye a nga kum menyul ma, a nyèghe dia na bi yüige mo ntfukh akal meyokh. Ngi mur a bo nale, é kughedia yèn mvè é si nyi, ngi e yô.

17. Alukh.

Ngi monewèñy a mana yé, a simeda alukh. Ayoñ Fañ, mur é kughedia lukh ngon, ngi a bèdia vè ésa byum abi. Ebe mintaña, ba bo dia nale, togho na ba zu na munega a sira nsagha na be sumege nye.

Melu me kôa, e ngeñ Nzam' a nga bo fam ôsua, a nga zu na: a sira mvè na é tabege étam, me ke bo nye mu mfè e vole nye. Ane Nzam' a nga bo munega, ve vè nye ebe fam na a tabege ngal wüia, a nga zu na num ba ngal be tabege mvoghe na fam é nyèghege ngal, nson ane nyul zia; ngal ki a wughege nye. Nzam' é keghe dia fam ôsua bunega bebé ngi belal, fogho ve mbore. Fañ ba via nale, wèna ba lukh bunega abi. Ba zu na: ngi mur a lugha bunega abi, wèn' a to kfuma. Nale ba zim" abi, nale a sira mvè asu Nzame. Fañ be ne ye mintè abi ye bitom akal éto. Ve bo na ba lukh ane Nzam' a nga yèghele bo, ve be ne mvoghe.

Ngi fam é ne ye munega mbore, munega éto a kagha wu, wèn' a zeñ mfè. Nzam' a kam dia e bo nale. Nzam' a kam bibon ye menzüia, ye mam me mvin mese, y' éyèm Fañ ba lè na amvi. Nzam' a n'éngengeñ, y' a nyèghe na bur be bagheleghe menyul mo éngengeñ ebe nye. Ngi bia lè milañ, bi tagha tfu mam me mvin, bi faña mo simeda milèm éti. Togho na Nzam' a nyèghe na bi bagheleghe milèm mya éngengeñ ebe nye. Ngi Yésu a ne milèm mya éti, wèn' a baghele myo ne fum.

18. Abal.

Fañ be ne ye mebal abi. Bur be kagha yi ke abal, wèna ba ke nsama e zal ba yi luma ye do. Be kagha küi, ba mome do. Ngi ba yèn mur a so zal étò, a lur bi ye bo, wèna ba wa nye nzali. Be kagha yüi nye, be nzèl'e zal ve yèn mvè. Azu to é sira mvè. Bi tagha nyèghe mebal. Nzam' a zu na: ke yüi mur. Bur be sira betsir. Nzam' a nga bo bur nson wüia émyèn. Édo a nyèghe dia na bi yüige bo. A zu na mur a kagha yüi mur mbokh y' élañ, wèna bur bevokh be ke nye yüi. Nzam' a nyèghe na bur be kagha süi étom, wèna be sulegha ye kal étom éto, ve kikh nsañ, ke luma. Bur be nziñ ba kwa na be kagha yüi bur abi, wèna be ne befam benèn. Be tagha simeda nale. Yésu Krist a zu dia na: Mvom ebe bur ba yüi bu bevokh. Ngi a zu na: Mvom ebe bur ba vañ, togho na be ke bo lè na e bo Nzame. Yésu Krist é soghe dia é si nyi e za bur. A nga so e nyié bur. Bie ki, bi boñe an' a nga bo.

19. E zi bur.

Fañ bevokh ba bo na, be kagha yüi mur, wèna ba zi nye. Azu to é n' abi anèn, y' ôson. Bur be kagha bo nale, wèna be sira fè nson ane bur. Be to nson ane betsir. Bur be nziñ ba zi bur, wèna ba sè, ve zu na: bia zi dia. Be faña sè, Nzam' a yèn, togho na bur bé kughedia sole zam ebe nye.

20. E nzu.

Nzam' a zu na: ke nzue. Ngi faña bo nale, bur abi ba nzu. Be kagha yèn byum, wèna ba kume byo; ngi bur ba yèn dia bo, wèna ba nzu. Bur abi ba nzu byum aluse, togho na ba zu na: ba yèn dia bie. Be faña zu nale, ba via Nzame, togho na énye a yèn bo. Nzam' a sira y' asüi y' éndendañ e yèn bur. Zibe é ne nson ane éndendañ ebe nye. Mur a tagha kwa na a kagha nzu éza zum, a ke yèn mvè ye zo, a ke fogho yèn abi ye zo. E zum é ne nzua e ne nson ane ndua, za zighe wo. Zo faña bo ke vule zighe, é ke sughela zighe nye.

21. Minale

Nzam' a yi na bi kobege mezu me ne susuc mbèmbè. Nzam' a vine minal. Milèm mya mia nyèghe kobe minal, ye dvukh bur bevokh mbèmbè. Ntèn Nzame wa zu na: bur ba kobe minal be ne bur bebi. Nzam' émyèn a kobe susue. A dvukh dia bur. Yésu Krist nye ki a kobe fogho fogho. Bi bvunege mezu mese a nga kobe ye bie. Ò kagha mane bo zam abi, ngi bur ba sile we do, ô tagha sè akal éko woñ. Ô dige ko bur woñ, koghe Nzam' woñ, ve kobe susue. Mèmege e zam abi ô vagha bo, ve kum do mvé. Ô dige sè. Ò kagha bo zam abi, ve bèra sè do, wèna wa kughela abi avokh. Tabege susue mbèmbè, ane Nzam' émyèn a ne susue.

22. Yaghe byum.

Mzam' a zu na: ke yagheba ébya byum. E byum Nzam' a nga we vè, tabege ye byo mvoghe. Tabege nlèm wüia ne myeñ. Ngi wa nyèghe zum, sumege zo. Aboñ e nziñ wa zu na: me ke kwé zum e sume ye zo vé? Boñé bisé, wèna ô ke yèn zum e sume ye zo. Bur abi ba nyèghe dia bo bisé; be n' atekh, ba bo dia bisé, fogho v' e yagheba ébya byum. Nale a sira mvè. Mur a kagha yagheba éza zum, aboñ e nziñ a ke sughela nzu zo, wèn' a boa abi anèn. Ke bvune na ényiñ mur é ne e bèle byum abi. Ényiñ ě sira nale. Faña bo na mur a bèle byum abi, a kagha wu, é saghedia ke ye byum a nga kĺu añan ayar, ngi a ke lige byo bise, nye ve vè Nzame ntañ akaĺ e mam mese a nga bo é si nyi. Édo ényin é ne e baghele mezu Nzame, ve bvune Yésu Krist, ye bo mam a yèghele bie. Bi tagha bvune byum bi y' é si nyi.

23. Mebyañ.

E vum Nzame mbor' étam a nga bo yô, ye si, y' ôsüi, ye byum bisé bi n'éti, bi wumege nye étam. Bi tagha wume zum éfè. Fañ ba wume mebyañ abi, fagha ye byéri, e bara ye nkama, ye soli, ye meyoñ mebyañ meyokh. Mebyañ meto mese me sira ye ki e vole bur. Mur a kagha bvuné byañ, wèna a ne nlèm ôk'ukfur, togho n'a bvuné è zum zé kughedia vole nye. Mur a kagha bvuné Nzame, wèn' a to ye nkyèl é nlu wüia, togho Nzam' a ne y' ényiñ, ye ki, ye mvè. Énye ki a vole fogho e mur a bvuné nye.

24. Yésu Krist.

Yésu Krist a n' akikh é mo Nzame. Nzam' a nga lum nye e nzu nyié bie, togho na Ndvukh bur a nga yèghele bie mamebi, ye kum bie awu ya mbèmbè. Édo Yésu a nga yêb' azu Ésa a nga zu nye, an' a nga kure yô ve nzu é si nyi. A nga byalé ve veñeda nkeñeli mon. An' a nga nèn ve veñeda nyamumvè. A nga yèghele bur mezu me mvè abi, ye sé minkokon. E bur be mbé minzinzim a nga kĺule bo mir, be ve yèn. Y' e bur be mbè ndokh melo, ke wughe, Yésu a nga kfule bo melo, be ve wukh. Ye bibubukh bi mbè ke ki e wule, a nga sé bo mebo, be ve wule; Yésu a nga sé bur y' azu dia étam, ke byañe, togho na a mbè y' é ki Nzame. An' a nga bo mam mevokh abi bur be nga yagha ve vôbe.

Bur abi be nga bvuné Yésu ye nyèghe nye, togho na be nga wukh mba mba mezu a nga yèghele bo, ye yèn mam menèn a nga bo. Bur bevokh be nga vine nye, togho na be mbè ye milèm mibi. Édo be nga bvu ésokh e yi yüi nye. Ane be nga bi nye, ve kèle nye éli e yô, ve domele nye mintsomele e mo ye mebo. Yésu a nga wukh ényan énèn, nye ve wu. A nga yèbe wu nale akal da, togho na Ésa wüia a nga tare zu nye na, ngi a wua akal da, wèn' a ke nyié bur abi. Édo Yésu a nga nyèghe wu ye do, e yi nyié bur na, be yagha wu ntfukh mbèmbè. E nzia Yésu a nga wu, be nga zé nye e soñ akokh, an' a nga bume mbim vale melu melal, nye ve wume, ve bèra tabe y' ényiñ. A nga lère nyul zia ebe mengom mia nzañ' abi. A nga zu bo na: Keña mefan meseghese, mine ve bum bur fwé zam. E mur a ke me bvuné, wèn' a ke nyiñ. E mur a ke bo ke me bvuné, énye a ke wu ntfukh mbèmbè. Wèna Yésu Krist a nga bèr' e yô, ye bvul' eb' Ésa wüia. An' Ésa wüia a nga noñ nye, ve zu nye na: Tabege si é wo meyum wam, ve züi yô ye si ye ke küi mbèmbè.

Sugha.

Wo mbore ke vwé anon abé, nale ki mine. Ngi mi noña ésé Nzame, bamega zo nzuñebe ye ke küi awu dina. Togho na ngi mia nyèghe yèñy ésé Nzame, ve bèra zu na: Bi ke bo bisé bivokh bi y' é si nyi, ve bèle byo bisé, wèna mia lè minal, togho na wo mbore wa vwé dia anon abé. Ngi mia yi kyèkh, ve mi ke lige momo.

Mi yèma tañeda mintèn fa! Keña, ve tañeda Ntèn Nzame, ve bo ane Nzam' a wu tsin' é bo bia, wèna mi ke nyiñ.

A tabege nale ebe mine.

Amana.

NANCY, IMPRIMERIE BERGER-LEVRAULT

www.ingramcontent.com/pod-product-compliance
Lightning Source LLC
Chambersburg PA
CBHW061230030726
47595CB00004B/1458